COUR D'APPEL DE DIJON

AUDIENCE SOLENNELLE DE RENTRÉE
3 Novembre 1877

L'ESPRIT DE CORPS
DANS LA MAGISTRATURE

DISCOURS
PRONONCÉ PAR
M. LÉON LEGOUX
SUBSTITUT DU PROCUREUR GÉNÉRAL

DIJON
IMPRIMERIE DARANTIERE, HOTEL DU PARC
RUE CHABOT-CHARNY, 65
1877

AUDIENCE SOLENNELLE DE RENTRÉE

DE LA

COUR D'APPEL

DE DIJON

Le 3 Novembre 1877

COUR D'APPEL DE DIJON

AUDIENCE SOLENNELLE DE RENTRÉE

3 Novembre 1877

L'ESPRIT DE CORPS

DANS LA MAGISTRATURE

DISCOURS

PRONONCÉ PAR

M. LÉON LEGOUX

SUBSTITUT DU PROCUREUR GÉNÉRAL

DIJON

IMPRIMERIE DARANTIERE, HOTEL DU PARC

RUE CHABOT-CHARNY, 65

1877

AUDIENCE SOLENNELLE

DE RENTRÉE

Le samedi 3 novembre 1877, à onze heures et quart du matin, la Cour d'appel de Dijon s'est réunie au Palais de justice, à l'effet de procéder à sa rentrée solennelle.

Pendant que Messieurs s'assemblaient en la Chambre du Conseil, les autorités civiles, militaires et ecclésiastiques, ainsi que les personnes invitées à la cérémonie, étaient reçues dans la Chapelle du Palais par les Maîtres des cérémonies délégués par la Cour. Là se trouvaient réunis les Membres des Tribunaux de première instance et de commerce, les Juges de paix, en robes, les Membres du Conseil des Prud'hommes, en costume, les Avocats et les Avoués, en robes.

A onze heures et demie, la Cour, en robes rouges, est entrée dans la Chapelle et y a pris place.

Le prêtre officiant, après avoir entonné le *Veni Creator,* a célébré une messe basse du Saint-Esprit, qui a été terminée par la bénédiction épiscopale.

Après la messe, les Tribunaux, les autorités et les personnes invitées ont été introduits dans la salle des audiences solennelles par les Maîtres des cérémonies. La Cour ensuite a pris place sur ses siéges.

M. le Premier Président a déclaré la séance ouverte. La parole ayant été donnée à M. le Procureur général, M. le Substitut Legoux, chargé par ce magistrat de prononcer le discours de rentrée, l'a fait en ces termes :

Monsieur le Premier Président,

Monseigneur,

Messieurs,

Dans un siècle où le scepticisme, jaloux de toutes les supériorités, cherche à régner en maître sur notre société moderne, et jette comme un défi à tout ce qu'il y a de grand, de digne et de généreux dans la conscience humaine, n'est-ce point un imposant spectacle que celui d'une solennité où l'un des grands corps de l'Etat, justement fier de son indépendance, vient affirmer aux yeux de tous avec un religieux éclat la fermeté de ses croyances, le respect de ses traditions, et une légitime confiance en son autorité? Il n'y a qu'un instant, au pied de l'autel, vous demandiez à Dieu, par la voix d'un pontife vénéré, cette part de la souveraine justice que réclame chaque jour l'œuvre de protection sociale à laquelle vous apportez un si puissant concours; c'est qu'en effet, quelle que soit l'intelligence de l'homme, quelque profonde que soit la science du Magistrat, il est des moments où son regard a besoin de s'élever vers le ciel pour y puiser une force nouvelle :

Os homini sublime dedit, cœlumque tueri
Jussit, et erectos ad sidera tollere vultus.

Ce n'est donc pas une vaine cérémonie qui nous réunit en ce moment, et si les murs de cette salle, pleine d'anciens souvenirs, pouvaient nous rendre le lointain écho des nobles accents dont elle a souvent retenti, ma tâche serait plus facile; nous nous recueillerions ensemble pour recevoir ces grandes leçons du passé, et, fortifiés par elles, nous pourrions envisager l'avenir, sinon avec ce calme et cette sérénité que donne seule la confiance, tout au moins avec la fermeté de caractère inséparable des fortes convictions et de l'ardent amour du devoir.

Quelle n'est pas mon émotion, Messieurs, lorsque je me représente ces imposantes figures parlementaires qui, depuis le jour où un roi justement appelé le *Père du peuple* ordonna la construction de cette partie de votre Palais, sont venues successivement à cette place apporter l'autorité de leur parole et de leur exemple; ils ont passé, ces Magistrats qu'on nomme : les Jeannin, les Brulard, les Bouhier, les Fremyot..., mais leur nom reste, et le précieux héritage de leurs vertus, patrimoine sacré de notre famille judiciaire, a, plus d'une fois, trouvé dans les solennités de votre rentrée le juste tribut d'éloges que des voix plus autorisées que la mienne étaient dignes de leur apporter (*).

Après tant de remarquables discours dont quelques-uns sont encore présents à votre mémoire, ne serais-je pas tenté de répéter ce qu'écrivait à la première page de son livre un de nos grands moralistes du dix-septième siècle. « *Tout est dit, et l'on vient* « *trop tard, depuis sept mille ans qu'il y a des* « *hommes, et qui pensent!* (1) » Heureusement, Messieurs, cet aveu n'a pas empêché La Bruyère de nous laisser ce chef-d'œuvre d'esprit et de raison, qu'il a marqué du sceau inimitable de son génie ; et en nous donnant son livre des *Caractères*, il nous a prouvé qu'il est permis de « *glaner encore après les* « *anciens et les habiles d'entre les modernes* (2). »

(*) *Essai sur le Président Bouhier*, par M. de Marnas, Procureur général (3 novembre 1853).

Discours sur le Président Jeannin, par M. de Mongis, Procureur général (4 novembre 1856).

Etude sur Millotet, Avocat général au Parlement de Bourgogne, par M. Martin, Substitut du Procureur général (3 novembre 1858).

Le Premier Président Nicolas Brulart, par M. Gouazé, Avocat général (3 novembre 1859).

Le Président Fremyot et la Ligue en Bourgogne, par M. Doncieux, Substitut du Procureur général (3 novembre 1865).

Pouffier, Conseiller doyen au Parlement de Bourgogne, par M. Cardot, Avocat général (3 novembre 1876).

(1-2) LA BRUYÈRE, *Des Ouvrages de l'esprit.*

C'est un de ces épis seulement que je voudrais ra-
masser, heureux si, en vous parlant de l'*Esprit de
corps*, chaque jour plus nécessaire à nos grandes
Compagnies judiciaires, j'avais pu choisir un sujet
qui ne fût pas trop indigne de votre attention. Puis-
sent aussi les pieux souvenirs de famille, qui m'at-
tachent tout particulièrement au Parquet de cette
Cour, assurer une fois de plus à mon insuffisance la
bienveillante indulgence à laquelle vous m'avez constamment habitué.

De tout temps, Messieurs, la religion et l'histoire
ont été les deux flambeaux qui ont éclairé la marche
des peuples à travers les mille vicissitudes de leur
existence, et chaque fois que le génie d'une nation,
grâce à des circonstances providentielles, s'est en
quelque sorte illuminé d'un éclat surnaturel, ses
annales en ont religieusement perpétué la mémoire.
C'est ainsi que la Grèce a eu le siècle de Périclès,
Rome, le siècle d'Auguste, la France, le siècle des
Croisades et celui de Louis XIV ! Les arts, les lettres,
la grandeur militaire, ont tour à tour marqué leur
place dans ce livre que nous relisons sans cesse, et
dont la dernière page, ouverte sous nos yeux, attend
avec anxiété le jugement de la postérité.

Qu'on inscrive, à cette page, avec un légitime or-
gueil, toutes les conquêtes modernes de la science,
sans égales dans le passé, je pourrais presque dire

sans rivales dans l'avenir ; qu'on assigne au siècle
que nous traversons une suprématie industrielle et
scientifique que toutes les sévérités de l'histoire
ne sauraient lui contester, ce ne sera que justice ;
et nous devons tous être fiers de saluer, dans les
grandes découvertes de notre temps, le triomphe de
l'intelligence humaine, avide de tout véritable progrès.
— Mais que servira à l'homme d'avoir en quelque
sorte vaincu les éléments pour les associer à son
œuvre, et en faire les instruments dociles de sa fié-
vreuse existence, s'il ne sait plus se vaincre lui-même,
et s'il devient l'esclave, pour ne pas dire le jouet, de
toutes ses passions ? Que lui servira d'avoir supprimé
les distances, et d'envoyer, comme un éclair, sa pensée
jusqu'aux extrémités du monde, s'il ne sait plus jeter
un regard vers le ciel, et s'il met un abîme entre sa
vie de chaque jour et les grandes notions de la morale et du devoir ? En vain aura-t-il réuni autour de
lui tout ce qui peut assurer le bien-être et satisfaire
sa sensualité, s'il n'a plus au-dedans de lui que le vide
du cœur et le malaise de l'âme. « *Au milieu de tant*
« *de progrès matériels et intellectuels*, dit un de nos
« publicistes contemporains, qu'on ne peut accuser
« d'être le détracteur des tendances de notre époque,
« *le sens moral a baissé ; tout s'avance et se développe,*
« *une seule chose diminue, l'âme*(1). » Oui, Messieurs,

(1) Michelet.

l'âme diminue ; et s'il n'aperçoit le danger qui le me-
nace, notre siècle ne laissera dans la suite des âges
qu'une lueur éphémère prête à disparaître dans le
néant des utopies dont il aura vainement cherché la
réalisation. Rien n'est grand, rien n'est stable en
dehors des principes immuables qui, de tout temps,
se sont imposés à l'humanité ; et lorsqu'on voit une
nation, poussée par je ne sais quel égarement, user
inutilement son énergie dans de dangereux et im-
puissants efforts, comment ne pas penser à cette vieille
légende des Titans cherchant à escalader le ciel ? Dieu
a donné à l'homme un vaste champ pour son activité ;
mais il a posé en même temps des bornes au-delà
desquelles son esprit s'égare, ses forces faiblissent et
son impuissance se révèle ; il en est de même des
nations. Pour être grand dans l'histoire, il ne suffit
pas qu'un peuple ait fait de grandes choses ; il faut
que sa vitalité morale reste en rapport avec son intelligence et le développement normal de ses institu-
tions ; autrement, ce ne sera plus qu'un orgueilleux
colosse aux pieds d'argile prêt à chanceler au premier
souffle des révolutions.

Le magistrat pourrait-il être insensible à de telles
pensées ? Placé en dehors des passions qui s'agitent
autour de lui, étranger aux luttes des partis, replié
sur lui-même par l'habitude du travail et de la réflexion, il doit élever la voix toutes les fois que la

société lui paraît menacée dans son essence et dans
sa stabilité. La magistrature n'a jamais failli à ce devoir. Au lendemain de jours néfastes, dont nous avons
trop vite peut-être effacé le souvenir, un magistrat de
la Cour suprême ne craignait pas d'affirmer, dans un
énergique langage, la tristesse de son âme et le généreux élan de son cœur pour la régénération de son
pays :

« Quand le monde s'agite et se trouble, disait-il,
« quand la croyance en Dieu et le respect de son
« culte, quand la propriété, la famille, le travail sont
« indignement outragés, quand la morale insultée
« se voit obligée de remettre en preuves des vérités
« que de longs et patients progrès semblaient avoir
« définitivement acquises au genre humain, et qu'on
« pouvait croire identifiées avec le sens commun, c'est
« au Droit à joindre sa voix puissante à celle de la
« Religion et à proclamer les impérissables axiomes,
« sans lesquels l'humanité ne serait rien » (1).

Le Magistrat ne saurait donc se désintéresser dans
cette grande lutte du bien contre le mal, du devoir
contre l'intérêt, de la raison contre la passion. Il doit
à sa conscience et aux fonctions dont il est investi
de protester contre les égarements de son temps,
et lorsque tout semble se désagréger dans la société,

---

(1) *Discours d'installation de M. Renouard*, Procureur général à la Cour
de cassation (1er juillet 1871).

que l'autorité s'affaiblit, que la grande loi du respect ne paraît plus qu'un vain mot, c'est encore à lui de donner, dans ses mœurs privées et dans sa vie publique, l'exemple des vertus qui font l'homme de bien et le véritable citoyen.

« Mais, quelle que soit l'énergie de leurs efforts, « comment les magistrats rempliraient-ils leur sainte « et auguste mission, si, atteints eux-mêmes de la « contagion de l'égoïsme, et s'isolant chacun dans le « poste qu'il occupe comme s'il n'avait à veiller qu'à « sa propre conservation, ils réduisaient à une in- « fluence individuelle et privée d'harmonie, l'action « qui, pour vaincre les résistances, doit être combinée « et simultanément dirigée vers un même but. Qu'il « serait imprudent, ayant à se défendre non seule- « ment contre les passions étrangères, mais encore « contre ses propres faiblesses, ses craintes, ses « espérances et ses illusions de toute espèce, qu'il « serait imprudent, au milieu de périls si constants et « si variés, de négliger l'appui rassurant que peut « offrir dans une Compagnie judiciaire la réunion des « vues, des sentiments, des volontés de tous ses mem- « bres pour le grand objet de l'ordre social (1). » J'ai nommé l'*Esprit de corps;* c'est lui qui soutient les forces, qui élève les caractères, qui oblige au respect

(1) *Mercuriale* prononcée par le Procureur général Bernard Legoux devant les Chambres assemblées de la Cour royale de Paris, le 9 novembre 1814.

de soi-même, et commande le respect aux autres ;
c'est lui qui, en doublant l'autorité du Magistrat,
double également la légitime influence qu'il doit
exercer dans la société.

Quelles n'étaient pas, Messieurs, les marques de
considération qui entouraient autrefois les membres
de votre Parlement au delà même du ressort de sa
juridiction. Vous pourriez retrouver dans les anciens
registres de votre Compagnie le récit qu'au retour
d'un voyage en Provence, le président Bouhier faisait
à ses collègues : « Il était de son devoir, disait-il dans
« une séance de la Grand'Chambre , de rendre
« compte à la Compagnie de la manière honorable
« avec laquelle il avait été reçu au Parlement d'Aix ;
« ayant appris que Messieurs dudit Parlement au-
« raient agréable qu'il allât y prendre séance, il eut
« l'honneur de s'y rendre ; en entrant au palais, il trou-
« va M. le Président de Coriolis, dernier président de
« la Grand'Chambre, avec un conseiller de la même
« Chambre, députés pour venir au devant de lui ; il
« monta vers eux, précédé des huissiers en ladite
« Grand'Chambre, où place lui fut donnée immédia-
« tement au-dessous de M. le premier Président, sans
« qu'on s'informât du temps de sa réception ; peu de
« temps après, étant allé avec MM. les autres Prési-
« dents se revêtir de la robe rouge, puis étant entré
« avec eux en la Grand'Chambre, il avait été avec

« Messieurs qui la composaient dans la salle de l'au-
« dience où il monta aux hauts siéges et prit place
« dans le même ordre que ci-dessus, lequel ordre fut
« pareillement suivi en sortant de l'audience pour
« retourner dans la Chambre du Conseil... Et comme
« ledit sieur Président Bouhier n'a reçu ces honneurs
« qu'à cause de celui qu'il a d'être membre de cette
« Compagnie, il a cru qu'elle devait en être instruite,
« *comme cela s'était toujours pratiqué en pareil*
« *cas,* afin de garder et conserver la fraternité qui
« doit régner entre tous les Parlements. » Autres
temps, autres mœurs, je le sais, Messieurs; le Parlement d'Aix lui-même ne suffirait plus aujourd'hui
à toutes les réceptions qui s'imposeraient à lui.
Mais ce que le temps ne change pas, ce que les
mœurs ne sauraient modifier, c'est le respect qui est
dû à la robe du magistrat, et la déférence dont il doit
être constamment entouré. Maintenant encore, la
loi, gardienne vigilante de vos prérogatives, a voulu
que chaque année plusieurs d'entre vous allassent
porter dans les chefs-lieux d'assises cette émana-
tion de votre autorité souveraine, au nom de laquelle se rendent toujours les arrêts criminels;
n'est-ce pas une occasion pour ceux à qui est dé-
légué cet insigne honneur de se rappeler la manière
dont le président Bouhier comprenait la dignité ex-
térieure de la justice, et le prestige que doit conserver
à votre Compagnie le magistrat qui en représente

au dehors tout à la fois la puissance et la bienveillante autorité.

L'Esprit de corps ne peut que gagner, du reste, à ces rapports que créent entre les membres de la Cour et les Magistrats des Tribunaux l'exercice commun des plus hautes fonctions de la magistrature ; c'est ainsi que de part et d'autre on apprend à se connaître et à s'apprécier. Le jeune magistrat, presque au début de sa carrière, novice encore dans les luttes de l'audience, doit trouver dans la judicieuse sollicitude du Président d'assises les conseils que réclame son inexpérience et qui soutiendront si utilement ses efforts, en cherchant à deviner parfois jusqu'à ses plus secrets découragements.

Il arrive souvent que les natures les mieux douées, par une extrême défiance d'elles-mêmes, ne donnent point immédiatement la mesure de tout ce qu'elles peuvent ; l'âme humaine est ainsi faite qu'elle a constamment besoin d'un appui et d'un encouragement, et si l'isolement s'étendait autour d'elle, si l'affectueuse solidarité des membres d'une même Compagnie ne venait point en aide au jeune magistrat, qui pourrait s'étonner de ses défaillances et de la stérilité de ses efforts ?

Mais, Messieurs, il est un autre écueil contre lequel l'Esprit de corps doit être aussi une puissante sauve-

garde; dans un temps où l'on se persuade trop aisément qu'il est moins facile d'obéir que de commander,
ne verrions-nous pas quelquefois des aspirations prématurées, des ambitions trop hâtives compromettre le
caractère de ceux qui ne sauraient pas résister à de
pareilles tendances. — La Bruyère a dit quelque part :
« *L'esclave n'a qu'un maître, l'ambitieux en a autant
qu'il y a de gens utiles à sa fortune !* » Méditons cette
vérité; jetons les yeux autour de nous, et n'oublions
jamais que notre ambition ne devient légitime qu'autant qu'elle concourt au seul but que nous devions
nous proposer, l'intérêt de la justice et la dignité du
corps auquel nous appartenons. Plus que jamais aujourd'hui, la France a droit de faire appel à tous les
dévouements. Le Magistrat ne restera pas sourd à sa
voix. Toujours sûr d'être au poste d'honneur, s'il sait
faire abnégation de lui-même pour se consacrer tout
entier aux fonctions dont il est investi, fier du mérite
de ceux qui le dirigent, confiant dans l'appui qu'il
doit trouver auprès d'eux, il sait qu'il n'y a pas de
position modeste où l'on ne puisse rendre service
à son pays : la société est comme un camp retranché dont nous défendons les abords ; tous ne peuvent être au premier rang; au petit nombre seul
sont réservées les actions d'éclat; mais, dans ce concert de généreux efforts, chacun doit comprendre
qu'il travaille utilement à l'œuvre commune, dût-il
être comme la sentinelle perdue qui, placée au

poste le plus obscur, accepte avec courage, dans l'intérêt de tous, le devoir à remplir, le danger même à braver.

Ainsi se forment et s'entretiennent les mœurs judiciaires. « *La magistrature,* disait d'Aguesseau, *a la* « *double puissance de la loi qui commande et de la* « *vertu qui persuade.* » Elle doit avoir aussi celle de l'autorité qui s'impose; voir, penser et agir, c'est le rôle que Dieu a donné à l'homme; voir avec justesse, penser avec réflexion, agir avec autorité, c'est le devoir du Magistrat.

Quelle ne sera pas la légitime influence d'une Compagnie tout entière si chacun de ses membres, sachant se soumettre à cette règle de conduite, apporte dans l'action commune, avec la virilité des décisions, cet esprit de mesure qui est la qualité maîtresse du Magistrat, et qui a permis de dire que pour lui la passion même de la justice ne peut jamais être qu'une justice sans passion? Soutenus par une mutuelle confiance, tous marcheront avec plus d'énergie dans la voie qui leur est tracée, et sauront trouver, dans les circonstances difficiles, cette force de caractère, sans laquelle il n'y a pas de sérieuse et durable autorité. — L'année dernière, à cette place, on vous rappelait les belles paroles du Président Brulard prononcées au sein de votre parlement : « Sachez, disait-il à ses collègues, que vous devez

« être comme une colonne de fer toujours inébran-
« lable, un mur d'airain pour résister fortement
« au mal, et un puissant protecteur des peuples
« pour maintenir leurs libertés sous l'autorité du
« prince et des lois; il est difficile qu'une année
« se passe sans quelques agitations publiques ou
« particulières, et nous ne saurions apporter trop
« de prévoyance, ni former trop de mâles résolu-
« tions pour nous gouverner dans la tourmente et
« pour faire régner paisiblement les lois. La con-
« stance et la fermeté dans nos charges seront
« les armes que nous opposerons en ces ren-
« contres, nous souvenant de ce beau mot de Sé-
« nèque, qu' « *avec elles la justice ne peut être ni*
« *vaincue ni ployée.* » — Permettez-moi, Messieurs,
de vous rappeler aujourd'hui comment un autre Magistrat dont le nom réveille tout à la fois dans nos
cœurs le souvenir de nos illustrations parlementaires
et celui non moins précieux des gloires religieuses de
notre Bourgogne, s'est lui-même identifié avec ces
maximes et en est devenu pour ainsi dire la vivante
personnification (1). — C'était au temps de la Ligue. —
La France, profondément troublée par les luttes religieuses et politiques, ne savait plus où placer sa confiance et se demandait avec anxiété de quel côté vien-
drait son salut. Les princes de Lorraine, toujours avides

---

(1) Le Président Fremyot, père de sainte Chantal.

de pouvoir et de popularité, n'hésitaient pas à battre
en brèche l'autorité royale ; le duc de Mayenne, gou-
verneur de cette province, tenait pour le duc de
Guise , et affirmait sa puissance en faisant arrêter
les membres du Parlement qui résistaient à ses ordres
et refusaient d'embrasser la cause qu'il avait mission
de faire triompher ; la crainte était partout et, plus
accablante encore que la crainte, l'incertitude s'était
emparée de tous les esprits. « L'homme de cœur est
« assez fort pour regarder le danger en face, pour se
« familiariser bientôt avec lui, pour le braver, pour le
« vaincre. Mais on ne se familiarise pas avec le
« doute, et devant cet ennemi cuirassé de ténèbres,
« qui frappe sans cesse et porte des coups qu'on ne
« saurait parer, il n'y a plus ni force ni vaillance, ni
« audace, mais un découragement universel. » Un
certain nombre des membres du Parlement n'avaient
pas su résister devant cette incertitude du lendemain, et avaient donné leur entière adhésion au parti
de la Ligue. — C'est alors que le Président Fremyot,
ne prenant conseil que de sa conscience, et bravant
tous les dangers qui le menacent, quitte Dijon, où
son fils est retenu comme otage , et se rend à
Flavigny ; vingt-trois de ses collègues ne tardent pas
à l'y rejoindre, et, au milieu de cet exil volontaire, le
Parlement de Bourgogne continue à rendre ses
arrêts, sans se soucier des périls qui l'entourent, et
sans que sa fidélité en soit un instant ébranlée, mon-

trant ainsi à des collègues entraînés par l'Esprit de
parti, et restés à Dijon contre la volonté royale, ce
que peut l'Esprit de corps uni à la force de caractère
et au respect du devoir.

Insensible aux séductions tentées contre lui, Fremyot devait bientôt être soumis à la plus cruelle
épreuve qu'un père puisse supporter. Sommé d'avoir
à dissoudre le Parlement royaliste sous peine de
voir son fils massacré, il fait taire sa douleur, et
répond à ses ennemis : « Mieux vaut que le fils
« meure innocent et que le père ne vive pas cou-
« pable »; puis il envoie aux chefs de la Ligue
cette lettre admirable que vous connaissez tous,
et où, profondément émue, *mais non amollie par
les larmes du père, éclate l'inébranlable fermeté du
citoyen* (1).

De tels exemples, Messieurs, honorent une cité; ils
honorent la Magistrature tout entière; mais ils sont
surtout un enseignement dont, pour les jours mauvais,
nous devons conserver précieusement le souvenir.

Dieu me garde d'entr'ouvrir à vos yeux des horizons
trop sombres; bien des fois déjà la France a traversé
de cruelles épreuves; elle en est toujours sortie, et
nous trouvons encore dans son sein un foyer de nobles
pensées, d'ardentes aspirations et de grands dévoue-

(1) *Eloge du Président Fremyot*, prononcé par M. le Substitut
Doncieux, à la rentrée de la Cour de Dijon, le 3 novembre 1865.

ments qui, devant l'Europe comme devant Dieu, lui
mériteront, j'espère, dans l'Histoire, la place que la
Providence lui avait réservée. Mais si nous devions
passer par de nouvelles secousses, et si l'Esprit
de corps, dont je viens de parler, venait lui-même
à subir quelque atteinte, je le dis avec tristesse, la
France pourrait encore avoir des juges ; elle n'aurait
plus de Magistrats. Dans les temps les plus troublés
de notre histoire, des tribunaux, trop indignes de ce
nom, ont couvert le sol de notre malheureux pays,
cherchant à voiler, sous l'appparence trompeuse de
la justice, le débordement des plus détestables passions. Mais, en dépit de tous les efforts, l'Esprit
de corps était resté dans le cœur des anciens Magistrats ; et le jour où, s'inspirant de leur exemple et
de leurs vertus, se formèrent nos nouvelles Cours
souveraines, la Magistrature était reconstituée ; et,
malgré les difficultés que laissaient après elles tant
de luttes récentes et tant d'idées opposées, il était
donné à nos pères de voir resserrer les anneaux, un
instant rompus, de cette chaîne puissante qui, pour
l'honneur de la Magistrature française, devait relier
les gloires de son passé aux espérances nouvelles de
sa réorganisation. Ne désespérons donc jamais, Messieurs ; conservons avec un soin jaloux nos vieilles
traditions, et que les générations qui se succèdent,
en voyant notre constant accord pour l'œuvre de
la justice, n'oublient jamais qu'aux yeux de la mo-

rale comme à ceux de la loi il n'y a de vraie li-
berté et de véritable égalité que celles qui pren-
nent pour devise : *Dieu, la Patrie, la Justice et*
l'Honneur.

Jeter un pieux regard sur la tombe de ceux que
nous avons perdus, n'est-ce point encore, Messieurs,
rendre un touchant hommage à l'Esprit de corps de
votre Compagnie.

Au mois de novembre dernier, peu de jours après
votre rentrée, M. le Président Vullierod était enlevé
aux soins pleins de tendresse de la piété filiale la plus
dévouée. Né pour ainsi dire avec le siècle, il avait par-
couru une longue carrière sans jamais quitter la ville
où l'attachaient ses amitiés d'enfance et ses souvenirs
de famille ; c'est qu'il appartenait encore à cette géné-
ration de magistrats, à qui la Cour ouvrait ses rangs
presque au sortir de l'école et qui, avec le titre de
conseiller auditeur et sous les yeux des anciens, se
formaient peu à peu à l'examen des affaires et à la
discussion des questions juridiques. — Ils recueil-
laient ainsi, pour les transmettre à leur tour, les
traditions dont ils apprenaient de bonne heure à
conserver le respect, et nouaient avec ceux qui
devaient être les collègues de toute leur vie ces rapports de confiance réciproque qui sont la plus puissante sauvegarde de l'Esprit de corps.

Nommé conseiller auditeur en 1823, M. Vullierod, après un noviciat de onze années, obtenait, en 1834, un siége de conseiller ; il s'y distingua par les qualités solides de son esprit ; juriste éclairé, homme d'affaires consommé et perspicace, il alliait aux aptitudes du juge civil les dons particuliers nécessaires au Président d'Assises ; la croix de la Légion d'honneur fut, en 1846, une première récompense de ses services. Quelques années plus tard, en 1853, il fut nommé Président de Chambre, et plusieurs d'entre vous se rappellent encore la manière dont il sut porter le poids de cette haute dignité. Son influence, Messieurs, ne s'exerça pas seulement au sein de votre Compagnie ; sa situation considérable lui assignait une place dans le Conseil général de votre département ; dès 1843, et pendant de longues années, il prit sa part, comme Conseiller général et comme membre du Conseil académique, dans la direction des affaires administratives de ce pays. La retraite l'a surpris dans la plénitude de ses facultés, et lorsque, Président honoraire et officier de la Légion d'honneur, il quitta ses fonctions judiciaires, son esprit ingénieux sut trouver longtemps encore une précieuse ressource dans l'étude des questions industrielles et scientifiques vers lesquelles ses goûts et ses aptitudes l'avaient constamment porté.

Ce deuil n'est point le seul qui ait attristé votre

Compagnie dans le cours de cette année. Séparé de vous, depuis plus d'un an, par une longue et cruelle maladie, M. le Conseiller Demoly vous appartenait toujours par les liens de l'honorariat. Dieu l'a rappelé à lui; bien que jeune encore, il avait payé son tribut au devoir, puis à la souffrance; il était donc prêt pour la suprême épreuve.

Fils de magistrat, M. Demoly avait, en 1848, suivi à la Martinique son père, nommé Conseiller à la Cour; lui-même ne tardait pas à y remplir les fonctions de juge-auditeur, auxquelles ses excellentes études et ses succès universitaires l'avaient si complétement préparé. Mais le climat brûlant de notre colonie devait bientôt éprouver sa nature frêle et délicate, et ses forces n'égalant plus son courage, il rentrait en France avec une santé déjà vivement ébranlée. En 1852, il fut nommé substitut à Autun; deux ans après, il occupait le même poste au Tribunal de Dijon. Successivement envoyé en qualité de Procureur impérial à Langres, puis à Beaune, il se faisait remarquer par sa pénétration d'esprit, son jugement sûr et droit et son aptitude toute spéciale aux travaux juridiques. La supériorité qu'il montrait dans l'intelligence et la discussion des affaires civiles devait de bonne heure le faire appeler à la Présidence du Tribunal de Chaumont; il y acquit rapidement des droits au siége de Conseiller qui, en 1869, venait récompenser une vie toute de travail.

Mais votre collègue, Messieurs, croyait pouvoir encore dépenser, dans une existence plus laborieuse et plus active, le peu de force qui lui restait. Nommé Président du Tribunal de Dijon, non seulement il apportait à ces fonctions difficiles ce dévouement modeste que vous lui avez toujours connu, mais en dehors même du Palais, non content de travailler pour lui-même, il n'hésitait pas à travailler encore pour les autres, en préparant une nouvelle édition de ce recueil de Circulaires, dans lequel nous trouvons chaque jour la solution de tant de questions urgentes et imprévues ; il devait succomber sous le poids de tous ces travaux.

Ai-je besoin de le dire ? M. le Conseiller Demoly était de ceux qu'à chaque pas de leur carrière l'affectueuse estime de ses collègues désignait d'avance au choix des chefs de la Cour ; précieux témoignage qui double, pour ceux qui en sont l'objet, le prix de distinctions justement acquises et d'un avancement dignement mérité. C'était l'homme de bien dévoué à ses fonctions, à sa famille et à ses amis ; il emporte les regrets de tous ceux qui, en l'approchant, ont pu apprécier son caractère et aimer la douce familiarité de ses relations.

Messieurs les Avocats,

Le temps n'est plus où, dans ces audiences de rentrée du Parlement, si pleines d'une austère et sainte autorité, chaque avocat, à l'appel de son nom, s'avançait devant les rangs des Magistrats, et, s'arrêtant en face du premier Président, fléchissant le genou devant l'Evangile, jurait sur ce livre sacré l'observation de ses devoirs, au milieu du pieux recueillement de la Compagnie toute entière. Si cet ancien usage a peu à peu perdu de sa solennité, l'Esprit de corps n'en a pas moins maintenu dans votre ordre le dépôt précieux de vos traditions séculaires, et la noble indépendance du Barreau trouve toujours ses véritables limites dans le sentiment du devoir et dans la loyauté de votre caractère. Appelés à guider votre client dans la voie qu'il doit suivre, vous êtes les premiers juges de la cause à laquelle vous prêtez l'appui de votre talent; et, pour apporter à la justice l'expression d'une conviction sincère, vous devez souvent, dans le recueillement de votre cabinet, vous faire pour ainsi dire les adversaires du client qui vous confie sa défense, plus utiles à ses intérêts par une sage résistance à ses entrainements que par une condescendance trop facile à ses désirs ou à ses passions.

Et vous aussi, Messieurs les Avoués, vous savez obéir aux rigoureuses inspirations de la conscience. Le concours que vous apportez à la Justice sera toujours plein de dignité, si vous pensez avant tout que, mandataires nécessaires de votre client, vous ne devez user de ce mandat que dans les limites mêmes des intérêts qui vous sont confiés. — L'habileté peut se complaire dans les dédales d'une longue et difficile procédure; mais l'honnêteté ne doit jamais s'égarer dans une semblable voie; c'est là, je le sais, la règle la plus précieuse de votre conduite.

Nous requérons qu'il plaise à la Cour admettre MM. les Avocats à renouveler leur serment.

La Cour, faisant droit aux réquisitions de M. le Procureur général, a donné acte à ce magistrat de ce qu'il avait observé les prescriptions de la loi de 1870, et a reçu le serment des Avocats présents à la séance.

Ensuite M. le Premier Président a procédé à la réception de M. le Conseiller Dorey, nommé Chevalier de la Légion d'honneur; puis il a déclaré repris les travaux ordinaires de la Cour, a prévenu les Avocats et les Avoués qu'il y aurait audience dans chacune des Chambres à la suite de la cérémonie; ensuite la séance a été levée.

Etaient présents : MM. Crépon, O ✳, Commandeur de l'Ordre de François-Joseph d'Autriche, Premier Président; Saverot, ✳, Klié, ✳, Julhiet, ✳, Présidents; Muteau, ✳, Conseiller; Guyot-Guillemot, ✳, Conseiller honoraire; Drevon, ✳, Conseiller; Le Maistre, ✳, Conseiller honoraire; Chauvin, ✳, Lagier, ✳, Chopin, Dorey, ✳, Blondel, Condaminas, Pinon, Jacotot, Garnier, Bonvalot, ✳, Bernard, Personne, Conseillers; Trombert, ✳, Conseiller honoraire; Maillart, Gouget, Masson, Bardonnaut, Duruisseau, Deshaires, Conseillers;

Boissard, ✳, Procureur général; Cardot, Poux-Franklin, Avocats généraux; Lebon, Legoux, Substituts;

Marion, Greffier en chef; Rouget, Desvigne, Poulain, Greffiers commis.

DIJON, IMPRIMERIE DARANTIERE, HÔTEL DU PARC.